AF509115

LES FUREURS

UTÉRINES

DE MARIE-ANTOINETTE,

FEMME DE LOUIS XVI.

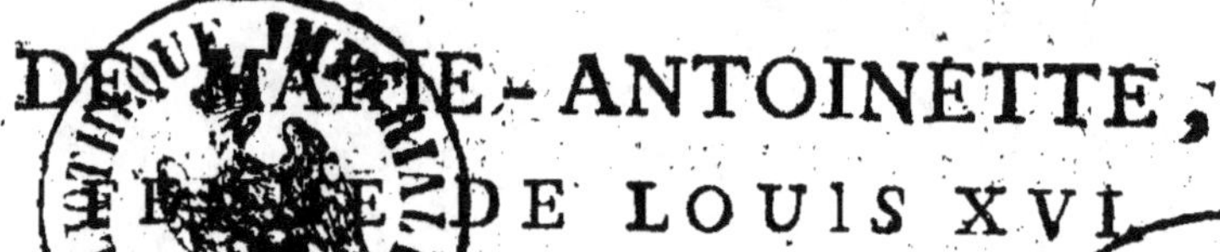

D'ARTOIS, Coigny, Rohan, je chante
 vos exploits :
pudeur défend d'ofer, amour me dit que
  j'ofe :
au dernier j'obéis. Faire cocus les rois,
les fervir, n'eft-ce pas joindre au laurier
  la rofe ?
Sus, je commence. Un foir, après fouper,
  Louis,
ivre d'amour, & plein de royale ripaille,
au lit de fa moitié fut porter fes foucis.
Mais pour les y laiffer, ne faifant rien qui
  vaille,
las ! il les remporta. Le fire étoit fi mou,
que les yeux de Toinon, & tout l'art de
  fa dextre
n'y purent rien. Après avoir épuifé tout,
de la chapelle on fit venir l'orcheftre ;
en vain on eut recours aux airs les plus
  lafcifs,
on mit en œuvre tout. La plus belle mu-
  fique,
mains, gorge, feffes, con, les plus puiffans
  motifs,

A

rien ne ravitailla le bijou monarchique.

Louis eſt mort. Toinon jure, ſacre après
 lui,

envoie promener ces modernes orphées,

diſant : « Je ne ferai point foutue aujour-
 » d'hui :

» ſur les débris du roi dreſſons mieux nos
 » trophées :

» Louis eſt impuiſſant, mais d'Artois ne
 » l'eſt pas ;

» d'Artois eſt auſſi beau que le fringant
 Narciſſe ;

» d'Hercule il a la force, il aura mes
 appas ;

» lui ſeul de mon affront va me faire
 » juſtice ».

Sitôt dit, elle vole à la couhe du fat.

Et l'amour & la rage y volent avec elle,

l'amour ſeul entre au lit, & livre le
 combat ;

l'amour a le deſſus, & le foutre ruiſſelle.

Le foutre de d'Artois, le foutre de Toinon,

ſans ceſſe anéantis, régénérés ſans ceſſe,

innondant de ſes flots, tetons, couilles
 & con,

les portent du plaiſir au centre de l'i-
 vreſſe.

On ſe pâme ; & Morphée, à l'aide de
 l'amour,

étend ſur leurs beaux yeux ſes pavots &
 ſes ſonges.

Toux deux entrelacés ſommeillent juſque
 au jour.

égayés , en dormant , par les plus doux
   menfonges.
Amour les fit dormir, amour les réveilla.
A s'adorer toujours nos deux amans
   s'invitent ,
non sans foutre. Le foir, au parc on fe
   rendra ;
& c'eft en fe foutant que nos amans fe
   quittent.
En vrai héros d'amour d'Artois s'eft
   comporté.
Qu'eût fait près de Toinette un fouteur
   petit-maître ?
Le fort dix fois repris, fut dix fois em-
   porté ;
et plus il fut vainqueur , plus il defira
   l'être.
Le bruit de fa valeur bientôt fe répandit :
toutes veulent l'avoir ; mais d'Artois eft
   fidèle.
On parla mal du roi ; d'Artois le défendit,
ne fachant trop prouver fon amour à fa
   belle.
Toinette diffimule & fête fon cocu :
elle affecte, en public, les foins, la préve-
   nances :
Louis, hélas! n'a pas plutôt tourné le cu,
que l'amoureux Charlot fout la reine de
   France.
Sans que cela paroiffe, on ne fout pas ainfi :
la jupe de Toinette un beau jour devint
   courte ,

nature à ſes plaiſirs mêla certains ſoucis :
trop avant de d'Artois avoit été la courte ;
enfin, Toinette eſt groſſe, & mon Charlot
    papa.
Que faire ? au ſot monarque on fait croire
    merveille ;
bientôt par députés on le félicita.
Le job ſourit,&veut retoucher une oreille.
Sur ce, court chez la reine. Elle de tout
    ſon cœur
y conſent, & l'engage, à force de careſſes,
à retoucher au tout, ſi c'eſt-là ſon bon-
    heur.
En la foutimaſſant, il croit faire proueſſes,
Toinon ripoſte à ſec, & le ſire eſt content.
Toinon voyant Louis avaler la pillule,
fait voir pour ſon Charlot plus de tempé-
    rament :
On ſe baiſe en ſautoir, en levrette, en
    herçule,
certains que plus on fout, plus le bonheur
    eſt grand.
Louis étoit aveugle,& la cour ſur Toinette,
dès le premier inſtant que Charlot la grim-
    pa,
avoit jeté les yeux. Pluſieurs ſur ſa toilette
gliſſoient billets d'amour, chanſons, & cæ-
    tera :
Toinon faiſoit la ſourde, & jouoit la co-
    quette.
Pour un des plus ardens, un jour ſon cœur
    parla ;
il étoit queſtion déja d'une amourette

avec le beau Coigny , lorſque d'Artois
    entra.
Au lendemain ſans doute on remit la partie.
D'Artois ſur ce beau fils s'expliqua verte-
    ment :
la reine s'excuſa , jura deſſus ſa vie ,
qu'elle n'auroit jamais que lui pour ſon
    amant.
A ce tendre diſcours elle joignit la preuve,
en couvrant de baiſers le joujou de chalot :
Fouts-moi , mon bel ami , fais ſur moi
    toute épreuve.
Amour de la folie emprunta le grelot,
et voilà mon Charlot qui la fout de plus
    belle :
il épuiſe le vieux , le morderne Aretin ,
il va du con au cu, de la bouche à l'aiſſelle,
de l'aiſſelle il retombe & part ſur un tetin,
il crut avoir par - là le cœur de ſa Toi-
    nette.
Vainement on échappe à ſon funeſte ſort.
Bientôt ce beau vainqueur va ſavoir ſa
    défaite :
il la dut au caprice. Un jour ſouffrant trop
    fort
pour accoucher , Toinon promit , jura
    qu'un homme
n'auroit , tant beau fût-il , près d'elle au-
    cun accès.
Elle maudit Adam , le diable , Eve & la
    pomme ,
et donne à Polignac ſon cœur & ſes attraits.

De ses dames d'honneur, Jule étoit la plus
    belle,
Jule de ses talens vîte instruisit Toinon.
Toinon suivit de près son lubrique mo-
    dèle,
et mieux que lui bientôt sur feuilleter un
    con.
La cour ne tarda pas à se mettre à la mode ;
chaque femme à la fois fut tribade & catin :
on ne fit plus d'enfant, cela parut com-
    mode :
le vit fut remplacé par un doigt libertin.
De-là tous ces cadeaux qui ruinent la Fran-
    ce,
la moindre camériste, un minois chiffoné,
dès qu'il branloit Toinon, devenoit d'im-
    portance.
On avoit cet honneur pour peu qu'on fût
    bien né.
D'Artois fit un voyage. A son retour, il
    vole
dans les bras de Toinette. Il lui fait com-
    pliment,
l'embrasse, veut la foutre, & dans son
    ardeur folle,
Déjà lui montre un vit aussi ferme qu'ar-
    dent ;
déjà sur un sopha le polisson la pousse,
il est déja dessus, quand d'un coup sec de
    reins,
la reine vivement lui donne une secousse,
qui sodain le fait cheoir au milieu du
    chemin.

Sans le déconcerter, cette chûte l'étonne :
il remonte. Auffi-tôt un *vous me fatiguez*,
fait que , fans le vouloir , fon pauvre vit
    déconne :
il tombe de fon haut. « Mais vous extra-
    » vaguez,
» je ne mérite pas de vous voir auffi froide.
» - Retirez-vous, monfieur, - Je bande ,
    » vous voyez ».
Le couroux de Toinon croît, plus d'Artois
    eft roide :
en vain ce beau fouteur tombe en pleurs à
    fes piends.
Hélas ! il bande en vain. Toinette inexo-
    rable ,
abandonne la place & le laiffe à genoux.
D'Artois , le beau d'Artois lui paroît
    exécrable,
Elle rit aux éclats , trouvant les hommes
    foux.
Il adoroit Toinon. De ce choc fon cœur
    faigne :
il réfléchit, il cherche , & ne fait pas d'où
    part
le trait. Il examine, & voit un interrègne :
il fut bientôt au fait , & fe tint à l'écart.
Le roi fe plaint à lui des froideurs de la
    reine.
La capitale jafe & lance des brocards :
Charlot pour oublier fon amoureufe peine,
à Gibraltar s'en va courir d'autres hafards.
Toinon parut fenfible à cette prompte fuite;

en tribade , avec Jule elle s'en confola.
Elle changeade ton , fans changer de con-
        duite :
Louis s'en apperçut, & la complimenta.
La reine , par égard , eut une complai-
        fance ï
ce qui la mena loin. Le roi, cette fois-là ,
fut tellement épris , entra fi bien en danfe ,
qu'il ne put la rater. On s'en étonnera :
mais par miracle , ou non , Louis fit bien
        les chofes :
pour un moment, Toinette oublia Polignac;
et le ferpent lui plut enveloppé de rofes.
Alors parut Coigny, fous le plus joli frac,
poliffon le matin , dont les femmes font
        folles :
il paroît, en chantant, au lever de Toinon,
parle chevaux, plaifirs, toilettes, fariboles,
et fait plaire fi bien , qu'il lui prend un
        teton.
Après l'avoir fucé , plus bas il veut def-
        cendre.
Toinon feint de dormir. Coigny fe permet
        tout ,
Se rend maître du lieu qu'on n'ofe pas
        défendre ,
baife le cul, la motte, & pour tout dire ,
        fout.
La reine à chaque coup légèrement ripofte,
entr'ouvre une paupière humide de plaifir,
la referme auffi-tôt qu'amour fe rend au
        pofte.

Mars & vénus mieux qu'eux jamais n'ont
　　ſu jouir.
En fouteur vigoureux , Coigny décharge
　　l'ame.
Toinon rend coup pour coup , & ne peut
　　réſiſter ?
par les plus chauds baiſers elle prouve ſa
　　flâme ,
et l'innondant de foutre , elle oſe l'imiter.
Par les noms les plus doux elle le récom-
　　penſe ;
c'eſt ſon dieu , c'eſt ſon tout , c'eſt tout ce
　　qui lui plaît.
Elle voudroit donner un dauphin à la
　　France ,
elle l'en prie en grace , & Coigny le lui fait.
Par mille jeux laſcifs ce cher dragon pré-
　　lude ,
il n'avoit fait que foutre avec précaution,
cette fois d'être honnête , il perdit l'habi-
　　tude :
il prépare la voie , & la fout tout de bon.
Quel triomphe pour lui ! quels doux mo-
　　mens pour elle !
quel bonheur pour tous deux ! complai-
　　ſante Toinon ,
voluptueux Coigny, l'amour vous enſor-
　　celle ,
vous déchargez enſemble à perdre la rai-
　　ſon ;
vous êtes ſeuls au monde , & foutez pour
　　la France,

Adieu le jeu du doigt, tribade Jule,
adieu.
Il ne faut plus penſer à cette jouiſſance,
ſe branler eſt d'un homme, enconner eſt
d'un dieu.
Notre couple amoureux trois fois décharge enſemble,
trois fois en fait autant avant de ſe quitter:
à peine ſéparés, même objet les raſſemble.
Polignac les ſurprend, murmure, oſe
éclater,
menace même au point que le duc ſe re-
tire.
Toinon veut ſe fâcher, mais Jule adroite-
ment
fait tomber le diſcours ſur l'amour, ſon
délire,
et parle avec le doigt à ſon tempéra-
ment.
La reine avec plaiſir en ſent tout le mérite,
renonce à tout mortel pour la ſeconde fois;
trouſſe, patine, enfin branle ſa favorite;
avouant que les vits ne valent pas les
doigts.
De Coigny cependant rien ne défit l'ouvrage,
les careſſes de Jule & ſa laſcive main,
en vain de la nature inſultèrent l'ouvrage,
au compte de Louis arrive un gros dauphin,
juſte au bout de neuf mois, à dater de
l'époque,

où Coigny le jeta dans le moule royal.
Le roi se félicite, & la reine s'en moque :
la France le nourrit, tout n'en va que plus
    mal.
Toinon pendant ce tems, pour enrichir sa
    bonne,
pour fournir au besoin de caprices divers,
met à prix ses faveurs, courtise le Ca-
    lonne,
et dans tous ses plaisirs fait entrer l'uni-
    vers.
Polignac, épuisée, eut une maladie ;
la reine sur l'instant répandit quelques
    pleurs.
La Mothe avoit été maîtresse en tribadie,
elle se présenta, fit preuves : les dou-
    leurs
se changent en plaisirs, & Toinette dé-
    charge.
Elle se trouva bien de l'infidélité :
Polignac est plus belle, & la Mothe est
    moins large ;
en pareil cas, l'étroit vaut mieux que la
    beauté.
Partageant ses chaleurs entre l'homme &
    la femme,
pour certain cardinal elle entre en passion.
Rhoan, tout glorieux d'une aussi belle
    flamme,
fait avec ses catins bientôt diversion,
ne quitte plus la cour, a le bonheur de
    plaire ;

obtient une entrevue, a chez la reine
    accès ;
couche enfin avec elle, & la rend bientôt
    mère.
Ce pauvre cardinal n'eut pas un long
    succès.
Toinon s'étoit donnée , elle voulut se
    vendre.
Le cardinal rougit d'acheter ses bienfaits :
la reine le vola sans qu'il pût s'en dé-
    fendre ,
et mit sur lui le vol : de-là ce grand procès.
Tout le monde vit clair. Le parlement vit
    trouble.
Le cardinal perdit. Louis est éclairé,
il voit que la reine est aussi catin que
    double :
Rohan est à la cour par Louis attiré :
au tribunal commun il appelle sa cause.
La reine qui gagna, va perdre justement:
la justice des lois differemment dispose,
et si l'on est coupable, on l'est malgré
    l'argent.
Toinette des Bourbons augmente la fa-
    mille.
ce commerce à Louis est approchant égal :
mais nous qui nourrissons & père & fils &
    fille ,
pouvons nous écrier, avec le cardinal ,
que les reines catins ont toujours fait du
    mal.

LES

AMOURS

D E

CHARLOT et TOINETTE.

Une reine jeune & fringante,
dont l'époux très-augufte étoit mauvais fouteur,
faifoit de temps en temps, en femme très-prudente,
diverfion à fa douleur,
en mettant à profit la petite induftrie
d'un efprit las d'attendre & d'un con mal foutu.

Dans une douce rêverie
fon joli petit corps ramaffé, nu, tout nu,
tantôt fur le duvet d'une molle bergere,
avec un certain doigt, le portier de l'amour,
fe délaffoit la nuit des contraintes du jour,
et brûloit fon encens pour le dieu de Cythere;
tantôt mourant d'ennui au milieu d'un beau jour,
elle fe trémouffoit toute feule en fa couche :
fes tetons palpitans, fes beaux yeux & fa bouche
doucement haletante, entr'ouverte à demi,
fembloit d'un fier fouteur inviter le défi.

Dans fes lubriques attitudes,
Antoinette auroit bien voulu
n'en pas demeurer aux préludes,
et que L... l'eût mieux foutu;

mais cela que peut-on dire ?
On fait que le pauvre Sire ,
trois ou quatre fois condamné
par la falubre faculté ,
pour impuiffance très-complette ,
ne peut fatisfaire Antoinette.
De ce malheur bien convaincu ,
attendu que fon allumette
n'eft pas plus groffe qu'un fétu ;
que toujours molle & toujours croche ,
il n'a de vit que dans la poche ;
qu'au lieu de foutre il eft foutu
comme feu le prélat d'Antioche.

D'A.... fentant un jour la grace triomphante ,
du foutre & du defir la grace renaiffante ,
vint aux pieds de la reine efpérer & trembler ;
il perd fouvent la voix en voulant lui parler ,
preffe fes belles mains d'une main careffante ,
aaiffe par fois briller fa flamme impatiente ,
il montre un peu de trouble , il en donne à fon tour ;
plaire à Toinette enfin fut l'affaire d'un jour ;
les princes & les rois vont très-vîte en amour.

Dans une belle alcove artiftement dorée ,
qui n'étoit point obfcure & point trop éclairée ,
fur un fopha mollet , de velours revêtus ,
de l'augufte beauté les charmes font reçus.
Le prince préfenta fon vit à la déeffe ;
moment délicieux de foutre & de tendreffe.

Le cœur lui bat , l'amour & la pudeur
peignent cette beauté d'une aimable rougeur ;
mais la pudeur fe paffe , & l'amour feul demeure
la reine fe défend foiblement , elle pleure....

les yeux du fier d'A.... éblouis, enchantés,
animés d'un beau feu, parcourent ces beautés
ah ! qui n'en feroit pas en effet idolâtre.
Sous un cou bien tourné, qui fait honte à l'albâtre,
font deux jolis tétons, féparés, faits au tour,
palpitans doucement, arrondis par l'amour
fur chacun d'eux s'éleve une petite rofe.

Téton, téton charmant, qui jamais ne repofe,
vous femblez inviter la main à vous preffer,
l'œil à vous contempler, la bouche à vous baifer.
Antoinette eft divine & tout eft charme en elle:
la douce volupté dont elle prend fa part,
semble encor lui donner une grace nouvelle.
Le plaifir l'embellit, l'amour eft un grand fard.

D'A.... la fait par cœur & par-tout il la baife,
fon membre eft un tifon, fon cœur une fournaife;
il baife fes deux bras, fon joli petit con,
et tantôt une feffe & tantôt un téton.

il claque doucement fa feffe rebondie,
cuiffe, ventre, nombril, le centre de tout bien.
Le prince baife tout dans fa douce folie ;
et fans s'appercevoir qu'il a l'air d'un vaurien,
tout tranfporté qu'il eft dans fon ardeur extrême
il veut tirer tout droit au but de l'amitié.
Antoinette feignant d'eviter ce qu'elle aime,
crainte de furprife, ne fe prête qu'à moitié.

D'A... faifit l'inftant, & Toinette vaincue
fent enfin qu'il eft doux d'être auffi bien foutue.

Pendant que tendrement l'amour les entrelace,
que Charles la ferrant, lui fait demander grace,
Antoinette palpite, & déja dans fes yeux
    fe peignent les plaifirs des Dieux.

Ils touchent au bonheur ; mais le fort eft un traître.
On entend la fonnette---un page vigilant
trop preffé d'obéir , les dérange en entrant...
ouvrir & fe montrer .. tout voir & difparoître ,

    fut l'affaire d'un feul inftant.
    Stupéfié de fa difgrace ,
    D'A.... avoit quitté la place.
    La belle reine gémiffoit ,
    baiffoit les yeux , rougiffoit,
    fans proférer une parole.

Par un nouveau baifer le prince la confole ;
,, oubliez , chere reine , oubliez ce malheur ,

    ,, si cet importun trop alerte
    ,, a retardé notre bonheur ,
    ,, fouvent l'infortune foufferte
    ,, donne au plaifir plus de vigueur.

,, Sus , dit le beau d'A... réparons cette perte :

    chemin faifant , il effayoit
    une plus grande chance ,
    à quoi la reine s'oppofoit
    avec un air de réfiftance ,
qui rendoit plus piquans leurs amoureux tranfports ;
et n'étaloit que mieux tous fes petits tréfors.
Tant & tant , cher lecteur , nos amans fe foutirent ,
    que les coups de cul les trahirent.
Une feconde fois monte encor SIEUR GERVAIS.

,, Que veut fa majefté , ... oh parbleu ! c'eft exprès ,
    dit d'A... en colere ,
    je n'entends rien à ce myftere ,
    voilà de cruels furveillans ,
à tout moment ici , que veulent donc ces gens.

La reine n'entend puis... enfin de leur méprife

à peine leur ame est remise,
qu'ils fouillent avec un grand soin
jusques au plus petit recoin,
pour découvrir quelle est la cause
d'un si perfide événement ;
mais ils ne trouvent rien, l'amour pleure sa pause,
la reine se désole, elle pousse des sanglots,
puis se laisse tomber comme une lourde masse,
sur une pile de carreaux,
muets témoins de sa disgrace.

Le charme cesse alors, & son joli corps casse
l'obstale de leurs feux... c'est le maudit ruban
de la sonnette, dont le gland,
source maudite, empoisonnée,
des accidents de la journée,
entre deux coussins étoit pris...
A chaqne élan de leur tendresse
des douceurs qu'on goûte à Cypris,
un grand coup de sonnette ébruitoit l'ivresse.

Ah, que de ribauts seroient pris,
si dans l'accès de leurs goguettes
ils rencontroient ainsi des cordons de sonnettes.
Nos amans rassurés fêtent encor l'amour
deux ou trois bonnes fois avant la fin du jour ;
t plongés tous les deux dans le sein des délices,
ils semblent savourer leurs précieux prémices.

Chque jour plus heureux, devenant plus ardents,
ils offrent à Vénus leurs feux toujours fideles ;
ils se foutent souvent ; & l'amour & le temps,
pour ces heureux amans, semblent n'avoir plus d'ailes.

Quant à moi, si l'on m'asservit
jouir de grands biens, sans rire, foutre & plaire,

afin de me sauver d'une telle misere,
j'aime mieux me couper le vit.
Quand on nous parle de vertu,
c'est souvent par envie ;
car enfin serions-nous en vie,
si nos peres n'eussent foutu.